Éloge spirituel du repos

Maximilien Le Fébure du Bus

Éloge spirituel du repos

ARTÈGE

Éditions Artège
10, rue Mercœur – 75011 Paris
9, espace Méditerranée – 66000 Perpignan

www.editionsartege.fr

ISBN : 979-10-336-1205-6
EAN epub : 9791033612360

À mon frère Hugues

Introduction

« REPOSEZ-VOUS UN PEU » (Mc 6,31)

La vie n'est pas un long fleuve tranquille.

Voici quelques années, une maladie grave m'a imposé un long repos. Une fois rétabli, j'ai mieux compris ces paroles du Seigneur : « Reposez-vous un peu. » Oui, j'ai appris à me reposer, sans honte, sans scrupule. Pour être davantage moi-même. Pour mieux servir mes frères.

La société occidentale travaille et court et, quand elle s'arrête, c'est pour mieux travailler et courir ensuite. N'est-il pas temps de relire Pascal : « Tout le malheur des hommes vient d'une seule chose, qui est de ne savoir pas demeurer en repos dans une chambre[1] » ? Le propos n'est pas exagéré. Il y a urgence à faire l'éloge du repos.

L'entreprise est toutefois hardie. Ne risquons-nous pas de faire l'apologie de la paresse ou, pire, d'aller à contre-courant de la marche de l'histoire ? En vérité, comment notre époque fatiguée peut-elle encore entendre ces quatre mots du Christ ?

Controverse autour du repos

En effet, après Pascal, écoutons Clemenceau : « Il n'y a pas de repos pour les peuples libres ; le repos, c'est une idée monarchique[2]. » Le repos serait-il donc un privilège royal à abolir, une nuisance dégradante pour « les peuples libres », une consécration de l'oisiveté ?

---

1. Blaise PASCAL, *Pensées*, éd. Brunschvicg, 1897, n° 139.
2. Georges CLEMENCEAU, à la Chambre des députés, 1883.

Les mots ont leur richesse de sens : le verbe « reposer » exprime bien l'immobilité, un état statique. L'épave repose au fond des mers, le koala repose sur sa branche d'eucalyptus jusqu'à vingt heures par jour. Aucun mouvement pour le corps qui repose. En revanche, le verbe pronominal « se reposer » n'a pas cette acception d'inaction. Selon le *Petit Robert*, « se reposer », c'est « cesser de se livrer à une activité fatigante[3] ». Dès lors, pour les amateurs de repos, les possibilités sont multiples : l'un choisit la peinture ou le sommeil ; l'autre opte pour la lecture ou la prière. Or un tel repos apparaît aussi comme du « temps perdu » et une concession accordée au corps. Dans l'esprit d'un grand nombre, le repos n'est qu'un pis-aller sans gloire.

Le repos sans gloire

En voici deux illustrations. La première concerne les « maisons de repos ». Là, les malades restaurent leur santé éprouvée. Leur séjour est

3. *Le Nouveau Petit Robert*, Paris, 2008, p. 2204.

temporaire, aussi bref que possible. Pourquoi ? Parce que leur état est « extra-ordinaire », c'est-à-dire littéralement « hors-de-l'ordre ». Pour eux, retrouver la vie « ordinaire », c'est quitter les maisons de repos : ils le feront sans regret, avides de croquer à pleines dents la « vraie vie ».

La seconde se déroule sur une place d'armes où des soldats se rassemblent. Des ordres sont proférés : « Garde-à-vous ! — Repos ! » Les commandements sont précis, immuables depuis le XVIIIe siècle. La position d'excellence n'est pas le repos. Pour écouter un avis ou une proclamation, pour se présenter à l'autorité ou rendre les honneurs, seul le garde-à-vous est de mise. Le repos est un moment de relâche, scandant la cérémonie. Il prépare et suit le garde-à-vous. Il est finalement secondaire et subordonné : il n'a pas le beau rôle.

D'ailleurs ce discrédit n'est pas un privilège national. En Chine, des générations successives ont transmis ces deux adages : « Qui veut progresser ne se repose jamais » et « Si tu veux être homme, ne cherche pas le repos ; qui cherche le repos n'est pas homme. » De tels proverbes ne peuvent être écartés d'un revers de main : ils traduisent une perception du réel enracinée dans une culture discréditant le repos.

En quête du vrai repos

Pourtant, nul ne le conteste, le repos est une nécessité vitale : il faut se reposer pour vivre. Mais comment faire pour bien se reposer ?

Retrouvons le propos de Pascal. Il invite à « savoir demeurer en repos dans une chambre » : le repos apparaît, non pas comme une simple expérience ou une sensation, mais comme le fruit d'un savoir ou d'un art. Pour le grand penseur chrétien, le repos s'apprend. Il ne s'improvise pas.

Quelques siècles plus tard, l'analyse est identique. Avec le Front populaire, la France de 1936 découvre les congés payés et le « repos pour tous ». L'éditeur Flammarion publie alors un ouvrage qui fait date, *Apprendre à se reposer*, où Paul Morand écrit : « Par une diabolique ironie, le repos vient aux hommes quand ils ne savent plus, ou quand ils ne savent pas encore quoi en faire. » Et il ajoute : « Le travail cessant, il va falloir que nous apprenions maintenant à nous reposer[4]. »

Oui, aujourd'hui, il faut apprendre à nous reposer. Plus que jamais, nous voulons partir en quête du vrai repos. L'aventure est enthousiasmante : le chrétien ne vit-il pas en vue du repos éternel du ciel ? Pourquoi ne pas anticiper ce repos et ne pas chercher à en obtenir dès ici-bas les arrhes ?

---

4. Paul MORAND, *Apprendre à se reposer*, Paris, Flammarion, 1937. Réédité sous le titre *Éloge du repos*, Paris, Arléa, 2019, p. 14.

Chapitre I

LE TRAVAIL : POUR OU CONTRE L'HOMME ?

« Toute l'existence est une alternative de repos et de travail », constatait Plutarque au Ier siècle. Qui veut connaître la nature du repos doit également se pencher sur celle du travail. S'il existe un vrai repos, il doit exister un vrai travail.

Devenir plus homme

Le 28 mai 1941, en pénétrant dans le camp d'Auschwitz, le franciscain Maximilien Kolbe peut lire sur le portail d'entrée le slogan fameux : « *Arbeit macht frei* » [le travail rend libre]. Pour le futur martyr et ses compagnons, l'expression est particulièrement cynique : le travail sera leur servitude, leur condamnation à mort. Ce faisant, l'idéologie nazie pervertit la vérité. Car le travail libère bien l'homme. Il suffit de relire la Genèse. À nos premiers parents, Dieu dit : « Fructifiez et multipliez-vous, remplissez la terre et soumettez-la » (Gn 1,28). Image de Dieu, l'homme prolonge l'œuvre créatrice par son travail. La terre lui est confiée afin qu'il la valorise, la féconde, l'embellisse : ses forces physiques et son génie se déploient pour le bien de tous et pour son propre bien. Le voilà responsable, davantage homme.

« Par le travail, non seulement l'homme transforme la nature en l'adaptant à ses propres besoins, mais encore il se réalise lui-même comme homme, et même, en un certain sens, "il devient plus homme" », dit saint Jean-Paul II[1].

---

1. Saint Jean-Paul II, Encyclique *Laborem exercens*, 14 septembre 1981, n° 9.

Trente ans plus tard, le pape Benoît XVI développe l'idée en l'appliquant plus spécialement à la technique :

« La technique permet de dominer la matière, de réduire les risques, d'économiser ses forces et d'améliorer les conditions de vie. Elle répond à la vocation même du travail humain : par la technique, œuvre de son génie, l'homme reconnaît ce qu'il est et accomplit son humanité[2]. »

Dès lors, le « vrai travail » n'est pas une sanction, mais bien une dignité. Par lui, je poursuis le perfectionnement de la création et je grandis moi-même : le travail vient me libérer d'un grand nombre de contraintes par le partage des tâches et la mise en commun des compétences. Les divers progrès techniques soulagent mon quotidien. Oui, par mon travail, je deviens l'associé de Dieu dans la gestion de son œuvre. Nous comprenons alors les condamnations sévères traversant la Bible à l'égard des oisifs :

---

2. BENOÎT XVI, Encyclique *Caritas in veritate*, 29 juin 2009, n° 69.

« Le désir du paresseux le fait mourir, car ses mains refusent d'agir », dit le livre des Proverbes (21,25). Et saint Paul exhorte sans concession : « Si quelqu'un ne veut pas travailler, qu'il ne mange pas non plus » (2Th 3,10).

Depuis l'origine, le travail s'inscrit dans la condition de l'homme et accompagne son existence. Mais est-ce pour le meilleur ou pour le pire ?

Travailler... pour travailler

Il faut le reconnaître, le travail occupe une place majeure dans nos modes de vie et de pensée. Max Weber a bien décrit cette mentalité : « On ne travaille pas seulement pour vivre, mais on vit pour l'amour du travail[3]. » Le critère d'une « vie réussie » est à l'aune de l'emploi obtenu et le chômage est vécu comme une honte. Si l'on nous demande : « Que faites-vous dans la vie ? », la réponse escomptée porte sur notre profession.

3. Max WEBER, *L'éthique protestante et l'esprit du capitalisme*, Gallimard, Paris, 2003, p. 208.

Quant aux enfants, leurs études sont déterminées par leur future activité professionnelle, parfois au mépris de leurs qualités foncières, littéraires, artistiques ou manuelles.

Remarquons que cette mentalité est nouvelle et fort éloignée des principes antiques et médiévaux : pour nos anciens, le travail n'est pas un but en soi. Ainsi, Aristote affirme : « Nous ne nous adonnons à une vie active qu'en vue d'atteindre le loisir[4]. » D'ailleurs, le mot latin « *negotium* » – qui donna « négoce » ou « affaire d'argent » – n'est pas un terme positif dans son étymologie. Le travail constitué par le « *negotium* » s'envisage comme une privation du loisir, de l'« *otium* » : *neg-otium*.

Pour les anciens, le centre de gravité de la vie est le repos ou le loisir, et non pas le travail, lequel reste un moyen indispensable pour vivre, mais ne prétend pas donner accès au bonheur. L'inversion des valeurs s'est peu à peu imposée au gré des avancées techniques

4. Aristote, *Éthique à Nicomaque*, X, 7, 1177 b 4.

et des défis économiques. Soumis à la pression du travail, l'homme post-moderne en subit les conséquences.

Le travail ou la santé ?

La Genèse nous avait pourtant avertis ; depuis la faute initiale, le travail est un labeur : « Maudit soit le sol à cause de toi ! Dans la peine, tu t'en nourriras tous les jours de ta vie » (Gn 3,17). Qu'elle soit physique ou psychologique, cette peine est inévitable. Et, dans une société valorisant exagérément le travail, elle peut devenir vite intenable. Les signaux d'alerte sont connus : fatigue excessive, tension, dégoût, dépression ou *burn-out*.

En l'absence de vrai répit ou de repos, le travail devient « inhumain », affirme le philosophe Joseph Pieper : « Qu'il soit supporté de manière apathique ou héroïque, il se transforme en terne fatigue, en un pur amas de peines : il devient comparable au travail de Sisyphe[5]. »

En conséquence, une société qui imposerait à ses citoyens un tel régime de travail serait purement et simplement un régime « concentrationnaire ». Est-ce là notre situation ? Je ne le crois pas. En revanche, beaucoup de nos contemporains se laissent entraîner dans une suractivité professionnelle pour des motifs plus ou moins louables : l'appât du gain, l'ambition, le regard de l'autre, l'éducation reçue semblent légitimer l'absence de repos chez ces « bourreaux de travail ».

S'interrogeant sur « le monde occidental où seuls comptent l'action et le travail », Joseph Ratzinger conclut de la sorte : « C'est souvent un acte d'authentique humilité et d'honnêteté constructive de savoir nous arrêter, reconnaître

---

5. Joseph PIEPER, *Le loisir, fondement de la culture*, Ad Solem, Genève, 2005, p. 66. Les réflexions du Chapitre I s'inspirent largement de l'ouvrage de J. Pieper. Dans la mythologie grecque, Sisyphe est condamné à hisser jour et nuit sur la montagne un rocher qui retombe inexorablement en bas.

nos limites, nous accorder un temps pour souffler et nous reposer[6]. »

Ainsi, qui veut aller loin ménage sa monture, souffle et se repose.

6. Joseph Ratzinger, *La gloire de Dieu aujourd'hui*, Parole et Silence, Paris, 2006, p. 172.

Chapitre II

POURQUOI COURENT-ILS ?

Pour ménager sa monture, il faut la quitter, mais sans toutefois se mettre à courir. Est-ce encore possible, embarqués que nous sommes dans un courant qui nous dépasse et nous emporte ?

« Pourquoi courent-ils si vite ?, s'interrogeait l'humoriste Raymond Devos. Pour gagner du temps ! Comme le temps, c'est de l'argent… Plus ils courent vite, plus ils en gagnent[1] ! »

---

1. Raymond DEVOS, *Matière à rire*, Le grand livre du mois, 1994, p. 37.

Hier, le grand jongleur de mots nous faisait rire de bon cœur. Aujourd'hui, les rires se sont calmés, mais la course n'a pas ralenti.

Si tout se monnaie…

En Occident, l'adage anglo-saxon « *Time is money* » s'est imposé un peu partout. À force d'envisager le travail comme une marchandise à rétribuer, notre société en est venue à considérer le temps comme une marchandise à valoriser. Pour elle, toute perte de temps est un drame et tout gain de temps mérite récompense. Il faut travailler vite, toujours plus vite, pour gagner davantage, toujours davantage. Conséquence : les actes non rétribués ou sans profit sont privés de toute valeur à ses yeux.

Benoît XVI écrit que la gratuité est aujourd'hui présente « sous de multiples formes qui souvent ne sont pas reconnues en raison d'une vision de l'existence purement productiviste et utilitariste[2] ». Dans un monde consumériste, les actes gratuits, le repos, le temps accordé à la culture ou à la méditation apparaissent comme une offense au rendement et à l'efficacité.

Si tout se monnaie, il est déraisonnable que je donne mon cœur ou mon temps pour embellir mon église ou que je demeure en repos dans ma chambre.

Si tout se monnaie – même le divertissement –, je préfère rogner ma nuit pour mener une vie « plus efficace ». Aujourd'hui, une part notable de la population dort régulièrement moins de six heures par nuit, alors que l'organisme d'un adulte demande un sommeil quotidien de sept à huit heures. Tensions, énervements, erreurs de jugement, endormissements au volant en sont les conséquences.

Si tout se monnaie et que rien n'est gratuit, je suis tenté de supprimer politesse et courtoisie, puisque celles-ci ne sont pas rentables ni objets de bilans comptables.

---

2. Benoît XVI, Encyclique *Caritas in veritate*, 29 juin 2009, n° 34.

Que cherchent-ils ?

Le travail, l'argent et la précipitation déterminent mon quotidien. Peu à peu, je perds le sens de ma vie. Ne serait-il pas opportun de faire alors mon examen de conscience ? *Le Petit Prince* de Saint-Exupéry me met sur la voie dans la scène de « l'aiguilleur » :

> « Un rapide illuminé, grondant dans le tonnerre, fit trembler la cabine d'aiguillage.
>
> – Ils sont bien pressés, dit le petit prince. Que cherchent-ils ?
>
> – L'homme de la locomotive l'ignore lui-même, dit l'aiguilleur.
>
> Et gronda, en sens inverse, un second rapide illuminé. [...]
>
> – Les enfants seuls savent ce qu'ils cherchent, fit le petit prince. Ils perdent du temps pour une poupée de chiffons, et elle devient très importante[3]. »

3. Antoine de Saint-Exupéry, *Le Petit Prince*, Gallimard, Paris, 1946, p. 74-75.

Ici le petit prince m'introduit aux réalités « importantes » : elles méritent que je perde du temps pour elles ; elles ne sont pas obtenues dans la hâte ou la fébrilité ; elles seules donnent du sens à mon existence. À moi de les définir et de les trouver avec mon cœur.

L'écrivain aviateur n'est pas un penseur isolé : quelques années après lui, Bernanos s'adresse avec virulence aux Français tout juste sortis de la guerre :

> « La paix venue, vous recommencerez à vous féliciter du progrès mécanique. "Paris-Marseille en un quart d'heure, c'est formidable !" [...] Que fuyez-vous donc ainsi, imbéciles ? Hélas ! c'est vous que vous fuyez, vous-mêmes – chacun de vous se fuit soi-même, comme s'il espérait courir assez vite pour sortir enfin de sa gaine de peau... On ne comprend absolument rien à la civilisation moderne si l'on n'admet pas d'abord qu'elle est une conspiration universelle contre toute espèce de vie intérieure[4]. »

4. Georges BERNANOS, *La France contre les robots*, Robert Laffont, Paris, 1947, p. 138.

Éloge de la lenteur

Pour Bernanos comme pour Saint-Exupéry, l'empressement et la fascination de la vitesse masquent le malaise : l'homme pressé s'interdit de s'interroger sur sa condition, de contempler, d'intérioriser. Tout éloge du repos débute en définitive par un éloge de la lenteur : « Hâtez-vous lentement ! », avertit la sagesse populaire.

Car c'est la lenteur qui permet la germination de la nature, les créations poétiques, les trouvailles littéraires ou scientifiques. La nature, quand elle œuvre bien, œuvre lentement ; il lui faut un jour pour faire une larve, mais vingt ans pour faire un homme.

« La vie sérieuse marche à trois kilomètres à l'heure, c'est-à-dire au pas d'une vache sur une route[5] », confiait Le Corbusier. C'est aussi la vitesse du fidèle qui processionne à la Fête-Dieu

5. Cité par Étienne Klein, « De la vitesse comme doublure du temps », *Études*, mars 2004, p. 348.

ou accompagne les morts au cimetière. C'était hier. Pourquoi pas aujourd'hui ?

Un enjeu de notre temps est donc de prendre du temps pour vivre, pour être présent davantage aux choses et aux personnes, pour aimer, pour construire. Le calme, la sérénité et l'émerveillement en seront les fruits.

« Je suis débordé »

Autre difficulté contemporaine : en « gagnant du temps » par les prodiges de la technique, je suis tenté de multiplier mes activités, mes rendez-vous, mes centres d'intérêt. Les soucis s'accroissent. L'agitation et la dispersion aussi. « Je suis débordé » est le cri d'alarme de bien des parents découragés.

Le père Cantalamessa offre une profonde analyse : « Le mouvement caractéristique de notre civilisation actuelle n'est pas centripète ("rentrer en soi-même"), mais centrifuge ("sortir de soi-même") ; non le retour à l'unité, mais la ruée vers la multiplicité ; non la tendance à l'être, mais à l'action et à l'avoir[6]. »

Cette « ruée vers la multiplicité » touche autant le travail professionnel que les moments libres. Ceux-ci, finalement, sont hachés par mille activités qui rendent difficile le repos véritable : ces temps, qui devraient servir à se refaire, à se recentrer et à se recueillir se trouvent déchiquetés. La tranquillité de l'esprit pâtit de l'utilisation abusive des outils numériques. La quasi-totalité des 18-39 ans possèdent un smartphone, qu'ils consultent en moyenne 150 fois par jour, pendant plus de trois heures[7] !

Dans une société sécularisée, l'absence de transcendance favorise une vie frénétique, car la peur de la mort impose de « remplir » le temps qui fuit avant l'échéance fatale. Il s'agit de « rentabiliser » ce temps, au prix de sacrifices sur le sommeil, la culture, les relations avec Dieu et les proches. Cette course incessante évite

---

6. Raniero Cantalamessa, *Aimer autrement*, EDB, 2004, p. 238.
7. 150 fois en moyenne en France, 221 fois en Grande-Bretagne en 2016. *Cf.* Sophie de Ravinel, *Le Figaro Magazine*, 13 mai 2016, p. 56.

à l'homme de s'interroger sur lui-même. Le voici devenu littéralement « superficiel », c'est-à-dire « à la surface de lui-même ».

Se divertir sans repos

Oui, trop, c'est trop : la démesure dans le travail pollue ma vie humaine, m'épuise et me rend insomniaque. Censé me rendre « plus homme », le travail contribue paradoxalement à me déshumaniser. Mes aspirations au repos, à la détente ou au divertissement sont dès lors un besoin impérieux et vital.

Pourtant, ces loisirs ne sont pas toujours aptes à me reposer. Souvent, ils supposent un déploiement d'énergie considérable, un investissement en temps et en argent. « L'homme festif » se doit de consulter des sites alléchants et onéreux, de choisir entre diverses propositions. C'est le prix à payer pour « changer d'air » ou « s'éclater ». En caricaturant, je quitte la ville bruyante, m'exaspère dans les bouchons et rejoins une plage bondée !

Plus profondément, il est urgent de redonner aux « temps libres » leur vrai statut. Ceux-ci ne sont pas libres seulement parce qu'ils délivrent du travail. Ils sont libres aussi en tant qu'ils libèrent l'homme, accroissent sa liberté, l'humanisent.

Lorsque le citoyen romain assistait à un combat sanglant de gladiateurs, était-il davantage homme ? Lorsque l'adolescent calfeutré dans sa chambre passe son été à jouer en ligne, se prépare-t-il à la vie ? Lorsque le père de famille s'expose dans un sport à risques, pose-t-il un acte responsable ? « Être homme, c'est précisément être responsable, écrit Saint-Exupéry. C'est sentir, en posant sa pierre, que l'on contribue à bâtir le monde[8]. »

Que je travaille ou que je me repose, je veux « contribuer à bâtir le monde ». Cela suppose que je vis l'une et l'autre de ces activités selon toute leur dignité.

8. A. de Saint-Exupéry, *Terre des hommes*, Gallimard, Paris, 1939, p. 55.

En faisant de mon travail et de mon repos des actes responsables, je bâtis le monde et je découvre que cela est bon.

Chapitre III

LE REPOS : UN ACCOMPLISSEMENT

Pourquoi Clemenceau traite-t-il le repos d'« idée monarchique » à abolir ? Sans doute parce qu'il le considère comme un privilège de cour, où règnent apparemment la vanité et l'oisiveté.

Une apologie de la paresse ?

Qu'est-ce que la paresse ? Le *Petit Robert* l'associe au « comportement d'une personne qui évite et refuse l'effort[1] ». Une telle approche est réductrice. Si je déploie tous mes efforts dans une passion – sportive, culturelle, ou même professionnelle – en délaissant ma famille, par exemple, ne suis-je pas paresseux ?

Pour saint Thomas d'Aquin, ce n'est pas tant dans le refus de la peine que se trouve le vice, mais dans le refus du bien[2]. Paresseux, je renonce à mes responsabilités et je choisis ce qui me plaît : dormir ou rêver, mais peut-être aussi bricoler, jouer ou fuir ma maison.

Le paresseux n'est pas d'abord un fainéant, « fait-néant », qui ne fait rien. C'est celui qui fait autre chose que le devoir qui l'attriste. Fuyant ses responsabilités, il excelle dans les contretemps et la procrastination. Les portraits des amitiés scolaires de Marcel Pagnol en livrent de savoureuses illustrations.

---

1. *Le Nouveau Petit Robert*, Le Robert, Paris, 2008, p. 1806.
2. « La raison [c'est-à-dire le motif] de la vertu consiste en ce qui est bien, plus qu'en ce qui est difficile » (saint Thomas D'AQUIN, *Somme de théologie* [ci-après *ST*], *IIa-IIæ*, q. 123, a. 12, ad 2).

Chez les médiévaux, la paresse est un état où l'homme refuse d'être ce que Dieu veut de lui, c'est-à-dire d'être ce qu'il doit être.

Dès lors, puisque le repos se présente à certaines heures comme une exigence vitale, il est injuste de le confondre avec la paresse. Regardons un instant une mère de famille, une institutrice de classe primaire ou un viticulteur au terme des vendanges : s'ils s'accordent du repos, qui oserait leur en faire reproche ? Refusent-ils d'être ce qu'ils sont ? Sont-ils irresponsables ? Et, lorsque le moine quitte son champ ou son atelier pour prier au chœur, il n'est pas paresseux. Il aspire à un repos particulier, un repos en Dieu et pour Dieu. Il s'agit bien d'une œuvre humaine que d'aucuns nomment « l'affaire des affaires[3] » : « Avoir du temps pour Dieu, loin d'être de l'oisiveté, est l'affaire des affaires », qui exige une grande attention. En revanche, si la bonne volonté manque, c'est là que survient la redoutable paresse spirituelle nommée acédie.

---

3. Sentence médiévale attribuée à saint Bernard (saint Bernard, *Opera omnia, Flores, De cella*, ch. XXXVII, col. 2098).

Ainsi, une action sans transpiration ni tension a pleinement valeur d'activité. Le repos dans la prière ou la contemplation peut parfois assurer un repos physique, mais n'est jamais de l'oisiveté quand il est bien vécu. « L'être humain tend à réduire le repos contemplatif au domaine de l'improductif ou de l'inutile », constate le pape François. Et il poursuit : « Nous sommes appelés à inclure dans notre agir une dimension réceptive et gratuite, qui est différente d'une simple inactivité. Il s'agit d'une autre manière d'agir qui fait partie de notre essence[4]. »

Le repos est une action

Le propos pontifical nous fait avancer d'un pas : le repos n'est pas l'inaction. Il possède une valeur propre à découvrir. Pour ce faire, le plus simple est d'observer le repos physique.

« Remets-toi à ces trois médecins : la gaieté, le repos et une juste diète », dit le proverbe. Toute santé humaine se trouve ébranlée par l'effort

4. Pape FRANÇOIS, Encyclique *Laudato si'*, 24 mai 2015, n° 237.

prolongé, la tension ou la suractivité. C'est à travers le repos physique – le sommeil ou le délassement corporel – que je restaure ma santé. Épuisé, j'aspire au repos de toutes les fibres de mon être.

Peu d'auteurs l'ont aussi bien exprimé que Saint-Exupéry, relatant la marche dramatique de son ami Guillaumet au milieu des Andes. Son avion s'est écrasé dans les neiges. Le pilote est gelé. Il doit marcher pour ne pas mourir, ne pas s'arrêter malgré la fatigue écrasante. Il vient à tomber :

> « Une fois cependant, ayant glissé, allongé à plat ventre dans la neige, tu renonças à te relever. [...] Déjà, tu le goûtais, ce froid devenu poison, et qui, semblable à la morphine, t'emplissait maintenant de béatitude. Ta vie se réfugiait autour du cœur. Quelque chose de doux et de précieux se blottissait au centre de toi-même. Ta conscience peu à peu abandonnait les régions lointaines de ce corps qui, bête jusqu'alors gorgée de souffrances, participait déjà de l'indifférence du marbre[5]. »

---

5. A. DE SAINT-EXUPÉRY, *Terre des hommes*, *op. cit.*, p. 34.

Par ces lignes pathétiques, Saint-Exupéry décrit certes un repos inhabituel, rendu redoutable par le froid glacial. Mais l'analyse est précieuse : à l'instar de l'expérience de Guillaumet, le repos offre un état nouveau et sublime, une béatitude, un apaisement du corps, une jouissance. Notre vie le confirme : l'attrait du repos physique est bien inscrit dans notre corps et dans notre cœur. Nous le gardons en mémoire. Il sculpte nos désirs. À chaque repos, nous goûtons un véritable épanouissement couronnant notre activité. Venant la remplacer, le repos apparaît alors comme une nouvelle action, pleinement humaine, nécessaire à notre équilibre vital. Je me repose, donc je suis.

Terme et accomplissement

Lorsque je veux me reposer, je cesse mes mouvements et achève mon travail. Je pose l'outil, le stylo ou la souris de l'ordinateur. J'opte alors pour une nuit réparatrice, une brève sieste dans le canapé ou un moment de calme en pleine nature. Oui, quiconque veut se reposer, physiquement mais aussi moralement, doit mettre un terme à son ouvrage.

Parfois, cette cessation est un véritable arrachement, tant l'activité est absorbante. Dans *Le Petit Prince*, Saint-Exupéry décrit un « *businessman* » :

> « Cet homme était si occupé qu'il ne leva même pas la tête à l'arrivée du petit prince. – Bonjour, lui dit celui-ci, votre cigarette est éteinte. » *Mais le* businessman *continue à compter ses étoiles et répond à peine à l'enfant* : « Hein ? Tu es toujours là ? [...] J'ai tellement de travail ! Je suis sérieux, moi, je ne m'amuse pas à des balivernes ! [...] Je n'ai pas le temps de flâner[6]. »

À travers le portrait grotesque, l'aviateur souligne l'incapacité de certains à quitter leurs préoccupations, à lâcher prise, à s'arrêter. La fatigue et les soucis les habitent, mais ils ne veulent – ou ne peuvent – renoncer à leur

6. A. de Saint-Exupéry, *Le Petit Prince*, *op. cit.*, p. 45 ; p. 47-48.

ouvrage. Ils ne goûtent jamais de vrai repos. Ils se confondent avec un travail qui les domine.

Mais, si le repos exige bien l'interruption d'une activité, ce critère n'est toutefois pas suffisant pour le définir. Sans quoi il ne serait qu'une « non-activité » dénuée de contenu, inapte à ma croissance.

En vérité, le sommeil, l'écoute d'une musique, la méditation sont des activités à part entière, qui offrent leurs fruits propres. Chacune d'elles vient accomplir et réjouir mon cœur. Par l'un de ses souvenirs de jeunesse, la poétesse Marie Noël exprime ainsi l'émotion simple de son être en repos :

> « J'étais souffrante. J'ai dû me reposer longuement au jardin. C'était un peu avant le soir, à l'heure la plus douce de l'après-dînée.
> Grâce à Dieu ! les gens de la maison étaient pour longtemps sortis et, dès que je me suis trouvée là, étendue, les mains immobiles, la solitude peu à peu s'est approchée, m'est montée au cœur.

> Alors, au dernier soleil, un petit oiseau est venu. Un petit oiseau gris, jeune, ébouriffé. Je ne savais pas son nom. Il était sorti d'un arbrisseau et, de loin, me regardait en penchant la tête de côté. Comme je ne bougeais pas, il s'enhardit et vint jouer tout près de moi à battre des ailes dans la poussière. Puis il eut l'air de s'endormir, le bec sous les plumes et tout à coup s'envola, disparut dans le feuillage. Mais il me voyait toujours, se cachait un instant et revenait tout à coup faire l'espiègle dans le calme tendre où j'étais. Il ne me quittait pas. Je lui parlais des yeux. Nous étions amis ensemble.
> Et brusquement, les larmes me sont montées aux yeux parce qu'il y avait trop longtemps, des mois et des mois, que je n'avais parlé toute seule à un petit oiseau[7]. »

En me reposant, j'expérimente une jouissance qui me comble, me transforme et me restaure. Suivant les formes de repos, cette jouissance prend des aspects variés : détente du corps, joie du cœur, émerveillement de l'esprit, adoration de l'âme. Comme l'arc-en-ciel, le repos se diffracte en différentes couleurs.

---

7. Marie NOËL, *Notes intimes*, Stock, Paris, 1959, p. 184-185.

Chapitre IV

LES COULEURS DU REPOS

Comme homme, je suis riche de mon corps, mes sens, ma raison, ma volonté. Mais pas seulement ; je suis riche aussi de l'unité de mon corps et de mon âme, qui demeure dans l'activité laborieuse comme dans le repos.

Saint François de Sales nous conseille : « Dormez bien ! Manger peu, travailler beaucoup, avoir beaucoup de tracas d'esprit, et refuser le dormir au corps, c'est vouloir tirer beaucoup de service d'un cheval qui est efflanqué, et sans le faire repaître[1]. »

Corps et âme

Après sa renonciation, Benoît XVI fut interrogé par Peter Seewald :

> « Q. Dans quelles conditions et où vous sentez-vous le mieux pour réfléchir ?
> R. À mon bureau, d'abord, où, s'il faut que j'approfondisse vraiment ma réflexion, je m'allonge sur le canapé. Cela me permet de réfléchir positivement.
> Q. Vous avez toujours eu un canapé à votre disposition ?
> R. J'ai besoin d'un canapé, toujours[2]. »

Le témoignage est significatif : pour le pape émérite, le repos physique favorise la vie de l'esprit. Sans nonchalance, Benoît XVI cesse

1. Saint François de Sales, *Lettre* du 14 septembre 1619 à Mère Angélique Arnaud.
2. Benoît XVI, avec Peter Seewald, *Dernières conversations*, Fayard, Paris, 2016, p. 127-128.

tout mouvement pour trouver une paix corporelle propre à la réflexion : le corps et l'âme sont inséparables. Le repos est condition de l'œuvre intellectuelle.

Changeons de cadre pour illustrer cette unité essentielle de la personne. En 1962, Alexandre Soljenitsyne se fait connaître au monde par un roman décrivant le goulag. Avec *Une journée d'Ivan Denissovitch*, le dissident russe suit pas à pas un prisonnier dans son quotidien et mène le lecteur jusqu'au coucher du *zek* – le détenu – Ivan Denissovitch Choukhov. L'homme est fourbu. C'est l'heure tant attendue du sommeil. Allongé, il goûte le silence et prend le temps d'examiner sa 3 654e journée de prisonnier. La scène conclut le récit de façon mémorable et déconcertante :

> « Choukhov se fourra la tête sous la maigre couverture jamais lessivée [...].
> Il s'endormait, Choukhov, satisfait pleinement. Cette journée lui avait apporté des tas de bonnes chances : on ne l'avait pas mis au cachot ; leur brigade n'avait point été

envoyée à la Cité du Socialisme ; à déjeuner, il avait maraudé une kacha (plat de sorgho) ; [...] on ne l'avait point paumé (attrapé) avec sa lame de scie pendant la fouille ; [...] il s'était acheté du bon tabac ; et au lieu de tomber malade, il avait chassé le mal.
Une journée de passée. Sans seulement un nuage. Presque de bonheur[3]. »

Pour Ivan, le repos corporel est l'occasion d'un retour sur lui-même. Sans aucun espoir de libération, il lui faut vivre, survivre pour sa famille. Une nouvelle journée assumée, c'est toujours une victoire. Plutôt que de s'apitoyer, il vaut mieux alors remercier. Telle est sa noblesse : quoique *zek*, il reste un homme à part entière.

Le repos physique vient ainsi restaurer la personne psychologiquement fatiguée, la re-créer, lui redonner le sens de la vie. Un proverbe arabe avertit : « N'abuse de rien : quand le chameau plie le genou, c'est qu'il a besoin de repos. » Trop de maladies graves, d'accidents

3. Alexandre Soljenitsyne, *Une journée d'Ivan Denissovitch*, Pavillons Poche, Robert Laffont, Paris, 2015, p. 225.

cardiovasculaires ou de dépressions surviennent par imprudence, par manque « d'écoute » du corps, par obstination. Si certaines situations sont odieusement imposées à l'homme – les régimes totalitaires rivalisent d'imagination sur ce point –, d'autres peuvent être évitées. À ces moments-là, le corps épuisé multiplie les signaux, mais il œuvre en vain : il finit par « craquer » comme une vieille pièce de tissu trop sollicitée. Dans une lettre à Audax, saint Augustin confie combien sa charge épiscopale est harassante. Sans état d'âme, il choisit alors « quelque repos afin de réparer les forces dont il a besoin pour le service de Dieu[4] ».

Le sommeil du juste

Parmi les repos d'ordre physique, le sommeil tient une place royale, car il est le plus nécessaire. Rien d'étonnant que le thème du sommeil traverse alors la Bible. Chez les auteurs sacrés, un bon sommeil est un signe de confiance

4. Saint AUGUSTIN, *Lettre* 261, 1.

et d'abandon, une récompense appréciable après l'effort : « Doux est le sommeil du travailleur, qu'il mange peu ou prou » (Qo 5,11). Comme aujourd'hui, l'homme de la Bible plaint l'insomniaque accablé par la maladie ou les soucis : « L'insomnie que cause la richesse consume les chairs, et le souci de la subsistance empêche de s'assoupir » (Si 31,1-2a). Chacun aspire au repos du juste, à l'endormissement si aisé. « Et moi, je me couche et je dors » (Ps 3,6), remercie le psalmiste.

Temps de lâcher prise, le sommeil est aussi l'occasion des visites de Dieu. Le « profond sommeil » (Gn 2,21) d'Adam fait de Dieu un chirurgien façonnant la première femme. Et saint Joseph expérimente ses sommeils comme des rencontres célestes l'invitant à l'action. Entendant plusieurs fois l'ange qui l'alerte, il reste toujours disponible. Il dort, mais son cœur veille.

Pourtant cet éloge du sommeil n'est pas toujours reçu de nos jours, où les couchers tardifs et les nuits brèves sont si fréquents. Pour certains, les motifs ne sont guère louables : échanges interminables sur les réseaux sociaux, addiction aux séries… assez rarement aux mots croisés ou aux échecs.

D'autres motifs, plus subtils mais non moins pernicieux, se rapportent aux caractères. Une personne perfectionniste, par exemple, est incapable de se coucher promptement. Elle doit inspecter les pièces communes et les chambres à coucher des enfants, clore ses comptes et planifier le lendemain, préparer le petit-déjeuner et choisir ses habits propres. Seul ce rituel accompli l'autorise à gagner enfin le lit.

Plus que jamais, il faut relire cet hommage du sommeil que Péguy prête à Dieu se penchant sur notre société tracassée.

> « Il y a des hommes qui ne dorment pas. Je n'aime pas celui qui ne dort pas, dit Dieu. Le sommeil est l'ami de l'homme. Le sommeil est l'ami de Dieu. Le sommeil est peut-être ma plus belle création. Et moi-même je me suis reposé le septième jour. Celui qui a le cœur pur, dort. Et celui qui

dort a le cœur pur. C'est le grand secret d'être infatigable comme un enfant. Or on me dit qu'il y a des hommes qui travaillent bien et qui dorment mal. Qui ne dorment pas, comme l'enfant se couche innocent dans les bras de sa mère, ainsi ils ne se couchent point innocents dans les bras de ma Providence. Ils ont le courage de travailler. Ils n'ont pas le courage de ne rien faire. De se détendre. De se reposer. De dormir. Les malheureux, ils ne savent pas ce qui est bon. Ils gouvernent très bien leurs affaires pendant le jour. Mais ils ne veulent pas m'en confier le gouvernement pendant la nuit. Comme si je n'étais pas capable d'en assurer le gouvernement pendant une nuit... Comme si plus d'un, qui avait laissé ses affaires très mauvaises en se couchant, ne les avait pas trouvées très bonnes en se levant, parce que peut-être j'étais passé par là[5]. »

« Celui qui a des oreilles, qu'il entende ! » (Mt 11,15).

5. Charles Péguy, *Le Porche du mystère de la deuxième vertu*, in *Œuvres poétiques et dramatiques*, Gallimard, Bibliothèque de la Pléiade, Paris, 2014, p. 756.

Se re-créer

Si le sommeil assure la première place dans les différents repos, il n'est pas l'unique moyen de refaire mes forces. La détente me restaure aussi. Mais ici, c'est l'ordre psychologique que je vise, à savoir l'affectivité de mon âme. Thomas d'Aquin l'affirme avec simplicité : « Le remède à la fatigue de l'âme, comme à celui du corps, c'est le repos. Ce qui repose l'âme, c'est le plaisir. » Et il précise : « Ces paroles et actions, dont l'unique objet est de réjouir l'âme, ce sont les plaisanteries et les jeux[6]. »

Voilà qui est bien dit : rire, plaisanter, jouer procurent un vrai repos. Comme marcher, courir ou nager. Si la part ludique s'inscrit dans la journée scolaire des enfants au milieu des cours de « récréation », elle a aussi sa juste part dans la vie des adultes : converser à table en famille ou entre amis, jouer aux cartes ou s'essayer à la gymnastique, lire une bande dessinée ou visionner pour la énième fois *La Grande*

6. Saint Thomas D'AQUIN, *ST, IIa-IIæ*, q. 168, a. 2, *corpus*.

vadrouille, autant de façons de se détendre, de se re-créer.

Plus original est le cas de Howard Hill, la doublure d'Errol Flynn († 1959) dans le film mémorable *Robin des Bois* : le « plus grand archer de tous les temps » se détendait en tirant flèche sur flèche dans ses temps libres. Il lui arrivait parfois de tirer 700 à 800 flèches dans la même journée. Pour lui, cette pratique était la meilleure façon de se relaxer.

À moi de trouver ma mesure dans la détente. C'est ici qu'intervient une vertu méconnue, l'eutrapélie, pour ajuster ma conduite dans le délassement : elle m'invite à me détendre avec modération. Elle bannit alors les excès, la grossièreté, les risques déraisonnables et la violence. Si je menace ma vie à chacune de mes chasses, je dois changer de passe-temps ! Si les parties de tarot me transforment en fraudeur ou déclenchent d'impitoyables colères, il est préférable que je me mette à la pêche à la truite.

« Qu'ils reposent en paix »

Nos anciens avaient bien compris cette place de la détente pour se re-créer et assurer le bien-vivre. Grand pédagogue, saint Augustin conseillait : « Je veux que vous vous épargniez un peu ; il est bon que le sage relâche de temps en temps la tension de son esprit[7]. » Telle est la voie habituelle pour vivre sereinement sa vocation humaine.

Certes, de façon exceptionnelle, d'aucuns peuvent surseoir à un tel repos. Cela fut le cas de saint Jean-Paul II, au dynamisme reconnu. L'accueillant à Munich lors de son premier voyage en Allemagne, Joseph Ratzinger s'effraya du régime que s'imposait le pape polonais, et il voulut réagir :

> « Je me suis dit : c'est impossible. Il faut lui ménager un peu de repos. J'avais alors imposé une large pause de midi. Nous occupions un bel appartement au palais. Il venait de monter quand il m'a appelé pour me demander

7. Saint AUGUSTIN, *La musique*, II, 15.

de le rejoindre rapidement. Quand je suis arrivé, je l'ai trouvé en train de lire son bréviaire. "Saint Père, ai-je dit, il faut vous reposer ! – J'aurai toute l'éternité pour me reposer", m'a-t-il répondu. Ça me paraît tout à fait typique de lui. J'aurai toute l'éternité pour me reposer. Dans le présent, il ne savait pas s'arrêter[8]. »

Le témoignage est éloquent et nous met en présence d'une autre conception du repos, chère à Jean-Paul II. Dans son esprit, le repos est avant tout celui de la vie éternelle. Combien de fois n'a-t-il pas dit en récitant son office divin : « *Requiescant in pace* – Qu'ils reposent en paix » ?

En revanche, pour lui-même, il ne s'accordait que peu de répit physique. Dès lors, ne puisait-il pas dans la prière les forces nécessaires pour assumer un quotidien harassant ? Son union au Christ n'était-elle pas son repos dès la vie terrestre ?

---

8. BENOÎT XVI, *Derniers entretiens avec Peter Seewald*, *op.cit*, p. 202.

« Notre cœur est sans repos tant qu'il ne repose pas en toi[9] », confessait saint Augustin au nom de tous les fidèles.

9. Saint Augustin, *Confessions*, I, 1, 1.

Chapitre V

SE REPOSER AVEC JÉSUS

Le Seigneur ne chôme pas durant ses trois années de vie publique.

Depuis le baptême dans le Jourdain jusqu'à l'Ascension, Jésus sillonne la Palestine, enseigne sans cesse, multiplie les miracles. Apparemment, pas de pause pour lui : « Mon Père, jusqu'à maintenant, est toujours à l'œuvre, et moi aussi je suis à l'œuvre » (Jn 5,17).

Car telle est bien la destinée du Christ : servir. Servir son Père. Servir l'humanité jusqu'à la croix au prix de tous les détachements : il doit quitter sa patrie, assister à la trahison de ses amis, offrir sa Mère à Jean : « Voici ta mère » (Jn 19,27). Durant sa vie publique, celui qui n'a plus de « domicile fixe » avoue lui-même : « Les renards ont des terriers, les oiseaux du ciel ont des nids ; mais le Fils de l'homme n'a pas d'endroit où reposer la tête » (Lc 9,58).

Jésus se repose-t-il ?

Pourtant, le Christ recherche des lieux pour faire halte. Les séjours sont brefs mais nécessaires. Il est accueilli à Cana, à Capharnaüm et, bien sûr, à Béthanie chez ses amis Lazare, Marthe et Marie. Comme tout homme, Jésus a besoin de se détendre, de se reposer, de dormir. Certes, son sommeil n'est évoqué dans l'Écriture qu'une seule fois. Mais quel sommeil ! Le Christ est alors sur le lac de Tibériade avec ses disciples, et voici que la tempête se lève.

Témoin privilégié, Matthieu raconte l'événement : « La mer s'agita violemment, au point que la barque était recouverte par les vagues. Mais lui dormait. » Les Apôtres effrayés réveillent brutalement leur maître : « Seigneur, sauve-nous ! Nous sommes perdus. » Et lui d'interpeller « vivement les vents et la mer, et il se fit un grand calme » (Mt 8,24-26). Dénommée « la tempête apaisée », cette scène ne pourrait-elle pas s'appeler « le sommeil du Christ » ? Comme moi, le Dieu fait homme a besoin de sommeil et cela me rassure.

Comme moi, le Christ connaît la lassitude et la fatigue. Hormis l'épreuve de la Passion, l'épisode le plus fameux est celui de la Samaritaine : « Jésus, fatigué par la route, s'était assis là, au bord du puits. Il était environ midi. Arrive une femme de Samarie, qui venait puiser de l'eau. Jésus lui dit : "Donne-moi à boire" » (Jn 4,6-7). La rencontre au puits de Jacob offre alors l'un des dialogues les plus riches de l'Évangile. La fatigue du Christ en est l'origine et saint Augustin tient à le souligner. Voici sa méditation. Percutante :

> « Ce n'est pas sans raison qu'est fatigué celui qui refait les forces des fatigués ; car ce n'est pas sans raison qu'est fatigué celui dont l'abandon cause nos fatigues, dont la présence nous réconforte. Jésus, cependant, est fatigué, et il est fatigué par la route ; il s'assied, et il s'assied au bord du puits, et c'est à la sixième heure qu'il s'assied, fatigué. [...] C'est pour toi que Jésus est fatigué par la route. Nous trouvons Jésus qui est la Force même, et nous trouvons Jésus qui est faible [...]. La force du Christ t'a créé, la faiblesse du Christ t'a recréé. La force du Christ a donné l'existence à ce qui n'était pas, la faiblesse du Christ a préservé de la mort ce qui était. Il nous a créés par sa force, il nous a recherchés par sa faiblesse[1]. »

Saint Augustin s'émerveille : par sa fatigue, Jésus manifeste son incarnation et déploie sa miséricorde. Tout repos n'est-il pas d'ailleurs un temps de miséricorde ? Envers soi-même et envers les autres : « Celui qui ne se repose pas fatigue les autres », dit le proverbe. Oui, le Christ expérimente la fatigue et doit prendre du repos.

1. Saint Augustin, *Homélies sur Jean*, XV, 6-7.

Il vient ainsi ôter mes éventuels scrupules. Avec lui, j'avance dans l'Évangile.

Quand Jésus me parle du repos

Au fil de ses enseignements, le Christ invite à la veille : « Veillez donc, car vous ne connaissez pas le jour où votre Seigneur viendra » (Mt 24,42) ; « Veillez donc, car vous ne savez ni le jour ni l'heure » (Mt 25,13) ; « Veillez et priez, pour ne pas entrer en tentation » (Mt 26,41). Mais cette « vigilance » appuyée n'interdit pas le repos. À deux reprises, le Christ le prescrit aux disciples.

La première fois a lieu au début de la vie publique. Alors que les Apôtres rentrent, joyeux et fourbus, d'une mission de prédication, ils s'entendent dire : « Venez à l'écart dans un endroit désert, et reposez-vous un peu » (Mc 6,31). Ils obtempèrent. Leur solitude sera toutefois de courte durée, car la foule les retrouve vite. C'est alors que le Christ multiplie les pains et les poissons pour les juifs, « saisi de pitié envers eux, parce qu'ils étaient comme des brebis sans berger » (Mc 6,34).

Le second épisode survient au terme de l'Évangile. Le Christ est à l'agonie au jardin des Oliviers. Pierre et les deux fils de Zébédée ne sont pas loin. Accablés, ils dorment. Deux fois, le Christ vient les voir : « Ainsi, vous n'avez pas eu la force de veiller une heure avec moi ? » (Mt 26,40). Mais le reproche ne suffit pas à les sortir de leur torpeur. Une troisième fois, Jésus revient. C'est là qu'il leur dit cette phrase étonnante : « Désormais, vous pouvez dormir et vous reposer » (Mc 14,41). Le drame se noue pourtant et la croix approche.

« Venez à l'écart »

Bien différentes, les deux scènes méritent une relecture et une explication. Joseph Ratzinger commente ainsi la première :

> « Rentrant de leur première mission, les Apôtres sont remplis de ce qu'ils ont vécu et réussi à faire. Ils ne se

lassent pas de raconter leurs succès et ils ont suscité autour d'eux une vie si animée qu'ils n'ont même plus le temps de manger, tant les gens ne cessent de venir les voir. Peut-être espèrent-ils être félicités de leur zèle mais, au lieu de cela, Jésus les exhorte à aller ensemble à un endroit où ils seront seuls pour pouvoir se reposer[2]. »

Dans son analyse, le futur pape ne ménage pas le collège apostolique. En effet, le message du Christ est clair : il faut savoir s'arrêter ! Chez les cœurs généreux, la tentation est forte de ne pas s'écouter. « Ceux qui sont livrés aux œuvres extérieures et à la prédication ne peuvent continuellement travailler, et ils ont le droit de prendre quelques instants de repos[3] », soulignait déjà le sage Théophylacte, au XIIe siècle.

D'autres leçons émergent de cette scène. Le repos suppose une « mise à l'écart ». De quoi s'agit-il ? D'une séparation de l'agitation du monde. Littéralement, cela suppose un déplacement physique. Jésus le demande d'ailleurs

2. Joseph RATZINGER, *La Gloire de Dieu aujourd'hui*, *op. cit.*, p. 171.
3. THÉOPHYLACTE, *Commentaire de l'évangile de saint Marc.*

à tout fidèle pour la prière silencieuse : « Mais toi, quand tu pries, retire-toi au fond de ta maison, ferme la porte, et prie ton Père qui est présent dans le secret ; ton Père voit ce que tu fais dans le secret : il te le revaudra » (Mt 6,6).

Moralement, la leçon est plus ample : il convient de renoncer un instant à l'activité accomplie – même sainte et réussie –, de s'en distancer, d'accepter de ne pas se l'approprier. En définitive, de faire acte d'humilité. Dès lors, cette disposition intérieure offre un accueil au Seigneur.

Oui, toute « mise à l'écart » acceptée avec joie ouvre sur Dieu. N'est-ce pas le cas de la Transfiguration ? « Six jours après, Jésus prend avec lui Pierre, Jacques et Jean, son frère, et il les emmène à l'écart, sur une haute montagne » (Mt 17,1). C'est alors que survient l'éblouissante théophanie où le Christ manifeste sa gloire aux disciples privilégiés, ceux-là mêmes qui dormiront quelques jours plus tard à Gethsémani.

Par ailleurs, la mise à l'écart est une œuvre communautaire avec le Seigneur. Le repos commandé se fait avec lui et autour de lui. Voilà qui induit deux propriétés. La première est essentielle : le repos commandé par le Christ se fait toujours en sa présence. Présence réelle par l'eucharistie. Présence morale au titre de la promesse : « Je suis avec vous tous les jours jusqu'à la fin du monde » (Mt 28,20).

La seconde bouscule certains préjugés : le repos n'est pas toujours solitaire, il peut être communautaire. Les règles monastiques prescrivent ainsi des récréations fréquentes, deux fois par jour chez les carmélites, par exemple. Quant aux moines, une fois la nuit et sept fois le jour, ils se retrouvent pour chanter l'office divin à l'église. « Se reposer dans le Seigneur, c'est prier ensemble[4] », dit le pape François.

4. Pape François, Rencontre avec les familles, Manille, 16 janvier 2015.

« Vous pouvez dormir et vous reposer »

Dans la scène du jardin des Oliviers, les évangélistes Marc et Matthieu rapportent tous deux le propos du Christ au terme de son agonie. Une telle insistance manifeste l'importance de cette adresse aux Apôtres ensommeillés. Pourtant, n'est-il pas surprenant que Jésus prescrive ainsi le repos, alors que son arrestation est imminente ?

Visiblement, il veut signifier qu'une étape décisive de sa Passion est achevée. Laquelle ? Ne serait-ce pas sa Passion morale, couronnée par son acceptation ? « Abba… Père, tout est possible pour toi. Éloigne de moi cette coupe. Cependant, non pas ce que je veux, mais ce que tu veux ! » (Mc 14,36).

En s'offrant ainsi librement à la volonté de son Père, le Christ a moralement accepté son sacrifice. Il a dit « oui ». Il est déjà vainqueur et rédempteur. Dès lors, ses Apôtres sont sauvés par sa victoire anticipée. Ils n'ont plus rien à craindre. Saint Hilaire le résume : « Après ses prières multipliées, après ses démarches répétées, il [le Christ] bannit la crainte de l'âme de ses disciples, et il leur rend la sécurité, et les invite à prendre du repos[5]. »

Le passage pourrait d'ailleurs être mis en parallèle avec un verset du psaume : « Dans la paix, moi aussi, je me couche et je dors, car tu me donnes d'habiter, Seigneur, seul, dans la confiance[6] » (Ps 4,9). Seule la présence de Dieu assure vraiment la paix : à ses côtés, l'âme est confiante et trouve son repos. Le Christ l'assure à ses Apôtres à l'approche de sa Passion rédemptrice. Il l'assure aussi à tout homme prêt à le suivre.

Le repos dans le Christ

Le Christ déclare à ses disciples : « Moi, je vous procurerai le repos » (Mt 11,28). Cette

5. Saint Hilaire, *Commentaire de l'évangile de saint Matthieu*, 31.
6. En s'appuyant sur le latin de la Vulgate (*dormiam et requiescam*), d'aucuns traduisent : « Je m'endormirai et me reposerai. » Relevons aussi : « Je me couche et je dors ; je m'éveille : le Seigneur est mon soutien » (Ps 3,6).

promesse n'éclaire-t-elle pas les deux épisodes relatés précédemment ? En effet, quand Jésus invite ses amis au repos, c'est toujours un appel à jouir de sa présence et de son intimité. S'écarter de la personne du Verbe incarné, c'est alors se condamner à « l'inquiétude » de l'homme loin de Dieu dont parle saint Augustin[7].

Le propos de Jésus est à relire en entier. Il récapitule notre méditation évangélique : « Venez à moi, vous tous qui peinez sous le poids du fardeau, et moi, je vous procurerai le repos. Prenez sur vous mon joug, devenez mes disciples, car je suis doux et humble de cœur, et vous trouverez le repos » (Mt 11,28-29).

À deux reprises dans ce discours, le Christ évoque ainsi le repos : celui-ci est promis aux âmes accablées – ne le sommes-nous pas tous un peu ? – désireuses de paix et de sérénité. Par-là, se mettre à la suite de Jésus, devenir ses disciples, porter avec lui son « joug » nous libère et nous repose. Pourquoi ? Parce que ce dernier est léger. Le Christ le dit lui-même : « Oui, mon

---

7. *Cf.* saint Augustin, *Confessions*, I, 1, 1.

joug est facile à porter, et mon fardeau léger » (Mt 11,30). Car, en définitive, son joug ou son fardeau, c'est sa loi d'amour. Quand cette loi prescrit, c'est pour me grandir et non pas m'asservir ni me diminuer.

On le comprend aisément : le maître des Béatitudes est le législateur « doux et humble de cœur », respectueux de chacun de ses frères humains. Oui, avec moi, « vous trouverez le repos », me dit le Seigneur. La récompense est assurée dès ici-bas, comme prélude de la vie éternelle. Saint Jean Chrysostome le commente dans ce sens : « Il vous donne dès maintenant cette récompense, en attendant le repos éternel qu'il vous réserve dans l'avenir[8]. »

Se reposer avec le Christ est le privilège du chrétien. Peut-être ne l'avais-je pas encore compris ?

8. Saint Jean Chrysostome, *Homélie* 39.

Chapitre VI

LE JOUR DU SEIGNEUR

Jésus s'est reposé et, en se reposant, il m'a donné l'exemple. Mais, si Jésus a pris du repos en tant qu'homme, l'aurait-il pris sans sa nature humaine ? Se serait-il assis ? Aurait-il dormi ? Assurément non. Pourtant, Dieu lui-même se repose. Étonnant paradoxe !

« Il chôma le septième jour »

Le récit de la Genèse est clair : « Dieu acheva, le septième jour, le travail qu'il avait fait ; et il chôma[1] le septième jour, après tout le travail qu'il avait fait » (Gn 2,2). Et, de façon plus pittoresque, l'auteur de l'Exode commente : « En six jours, Yahvé a fait le ciel et la terre, mais le septième jour il a chômé et il a repris haleine » (Ex 31,17).

Mais pourquoi ce repos ? Pourquoi cette reprise d'haleine ? Parce qu'un tel répit n'est pas inactif : il est une œuvre à part entière. Si créer pendant six jours est bien une action divine, se reposer l'est tout autant.

Dans ses admirables commentaires, saint Augustin s'interroge humblement : « Ce repos de Dieu, quelle est sa nature ? Quel est l'esprit humain dont le regard serait assez pénétrant pour le saisir[2] ? » Il remarque alors : « Même en ce septième jour, Dieu ne cessa pas de gouverner par sa puissance le ciel, la terre et tous les autres êtres qu'il avait créés ; sinon ils auraient aussitôt sombré dans le néant ! » Et d'ajouter : « Lorsque le Seigneur dit : "Mon Père

---

1. En latin « *requievit* ».
2. Saint Augustin, *La Genèse au sens littéral*, IV, 14, 25.

agit jusqu'à maintenant", il fait allusion à cette action continue par laquelle le Père maintient et régit l'universalité des créatures[3]. »

Oui, Dieu continue à agir le septième jour, tout en chômant. Sans son action, la création serait plongée dans le néant. Mais, en se reposant et en bénissant ce septième jour, il couronne son œuvre et affirme : le repos est le meilleur de mon ouvrage ; le repos vaut plus que le travail. « Il voulut sanctifier ce jour où il se reposa de toutes les œuvres qu'il avait faites, comme si, même pour lui qui ne se fatigue pas au travail, le repos avait plus de prix que l'action[4] », assure Augustin.

Ainsi, depuis la Genèse, le thème de la primauté du repos habite l'histoire. Pourtant, qui s'en souvient dans notre société postmoderne si éblouie par la technique, l'efficacité et l'agitation ? En réalité, quand je célèbre le repos de Dieu – c'est-à-dire quand j'honore le sabbat

3. *Ibid.*, IV, 12, 22-23.

4. *Ibid.*, IV, 13, 24. « [Dieu] est toujours en repos, mais c'est pour nous qu'alors il s'est reposé, quand il nous a fait connaître qu'il s'était reposé » (ID., *ibid.*, IV, 15, 26).

ou le dimanche –, je proclame que le travail humain n'est pas ma valeur ultime ; je fais de mon repos un hommage à Dieu.

« [Dieu] sanctifie, non le jour de son travail, mais le jour de son repos – ajoute Augustin –, il nous révèle ainsi que son bonheur lui vient, non pas de faire ses œuvres, mais de la gratuité des œuvres qu'il a faites[5]. » En vérité, c'est en lui-même que Dieu se repose le septième jour, et non dans sa création. Comme lui, Dieu m'invite à le contempler au sein du repos. Oui, ici-bas, je peux trouver mon bonheur : c'est en lui que s'apaise mon inquiétude de chercheur de l'Absolu.

Le sabbat pour tous

Puisque Dieu s'est reposé, l'homme se reposera à son tour. La prescription est intangible pour Israël : « Quiconque fera du travail le jour du sabbat sera mis à mort » (Ex 30,15). Aujourd'hui encore, les juifs les plus observants

5. *Ibid.*, IV, 17, 29.

renoncent à l'usage des interrupteurs à compter de la tombée de la nuit du vendredi et toute la journée du samedi.

Pourquoi une telle coutume ? Parce que le repos sabbatique exprime l'alliance entre Dieu et son peuple : « Les fils d'Israël observeront le sabbat, pratiquant le sabbat dans toutes leurs générations : c'est une alliance perpétuelle. Entre moi et les fils d'Israël, c'est un signe à jamais » (Ex 30,16). Le sabbat est le rappel immuable du repos de Dieu, lequel constitue le sommet de son œuvre créatrice.

La joie de Dieu, c'est alors de voir ses créatures se reposer en lui : « Je conclurai pour eux une alliance [...]. Je les ferai reposer en sécurité » (Os 2,20). Pour notre bien, Dieu impose le repos à tous : « Celui qui a fait du travail une loi a fait du repos un précepte, et un précepte plus rigoureusement sanctionné que la loi[6]. »

Respecter le sabbat, c'est rappeler notre dépendance à l'égard du Créateur. C'est faire

---

6. Bienheureux Vladimir Ghika, *Pensées pour la suite des jours*, Beauchesne, Paris, 1962, p. 45.

mémoire de la bonté de Dieu à notre endroit. « Je leur donnerai aussi mes sabbats pour servir de signe entre moi et eux, pour que l'on sache que je suis Yahvé qui les sanctifie », déclare Dieu au prophète (Ez 20,12).

Oui, pour son salut, l'homme professe la transcendance et la bonté de son Créateur. En participant au repos divin du septième jour, il se montre davantage image de Dieu.

Le repos sabbatique devient alors pour moi une libération : comme un âne ou un bœuf auquel on retire joug et entraves, je « reprends haleine » le jour du sabbat. Mais, si c'est une libération du labeur du travail, c'est surtout l'expression de la libération de tout mal, de tout esclavage.

Dès lors, le sabbat est pour moi le lieu de l'action de grâces et de la louange. Il est le moment de l'émerveillement et de la fête. Selon les mots de saint Jean-Paul II, il appartient à chacun de « se reposer comme Dieu s'est reposé, mais de se reposer dans le Seigneur, en lui remettant toute la création, par la louange, l'action de grâces, l'intimité filiale et l'amitié sponsale[7] ». N'est-ce pas le programme dominical du chrétien ?

Vive le dimanche !

Désormais, avec le Christ ressuscité, c'est le dimanche qui devient le « jour du Seigneur » (Ap 1,10).

Jésus avait dit aux juifs : « Le sabbat a été fait pour l'homme, et non pas l'homme pour le sabbat. Voilà pourquoi le Fils de l'homme est maître, même du sabbat » (Mc 2,27-28).

Aussi, en ressuscitant le lendemain du sabbat, le Christ décrète un nouveau temps de grâce, un nouveau sabbat. Très tôt, les Apôtres le comprennent de la sorte et font du dimanche leur journée cultuelle : « Le premier jour de la semaine, nous étions rassemblés pour rompre le pain » (Ac 20,7). Et, depuis lors, le dimanche n'a pas cessé d'être jour de fête :

---

7. Saint JEAN-PAUL II, Lettre apostolique *Dies Domini*, n° 16.

« Ce jour, comme le sabbat juif, est offert comme le jour de la purification des relations de l'être humain avec Dieu, avec lui-même, avec les autres et avec le monde. Le dimanche est le jour de la résurrection, le "premier jour" de la nouvelle création, dont les prémices sont l'humanité ressuscitée du Seigneur, gage de la transfiguration finale de toute la réalité créée. En outre, ce jour annonce "le repos éternel en Dieu". De cette façon, la spiritualité chrétienne intègre la valeur du loisir et de la fête[8]. »

Le repos dominical

Mais si le dimanche est jour de fête, comment le vivre bien ? Comment puis-je me préparer au repos que le Seigneur réserve à ses serviteurs et amis ? En laissant « un espace intérieur » en moi-même, selon les termes de Jean-Paul II[9]. Cet « espace intérieur », c'est la place accordée à Dieu dans la communion eucharistique, dans la prière liturgique, dans l'oraison.

---

8. Pape François, Encyclique *Laudato si'*, 24 mai 2015, n° 237.
9. *Cf.* saint Jean-Paul II, Encyclique *Laborem exercens*, 14 septembre 1981, n° 25.

Chaque dimanche, je m'efforce de donner du temps au créateur du temps. Les conseillers conjugaux détaillent avec pertinence les « langages de l'amour » du couple, et c'est heureux. Or, s'il y a un langage qui touche particulièrement le Seigneur, ce sont bien ces « moments de qualité » : prendre du temps avec lui, le regarder, l'écouter, le chanter, voilà ce qui lui plaît.

Par ailleurs, outre ces « moments de qualité » spirituels, je rends hommage au Seigneur par divers signes « lisibles » par tous : la belle nappe sur la table familiale, la qualité des mets préparés, le choix des vêtements. N'a-t-on pas vu des familles « s'endimancher » pour assister aux messes télévisées aux jours les plus stricts du confinement de 2020 ? *A contrario*, n'est-il pas étonnant de découvrir des assistances débraillées lors de la messe dominicale ? Qui oserait se rendre à l'Élysée en short ou en débardeur ?

Non, le dimanche n'est pas un jour comme les autres. En le valorisant, en vacances ou en séjour à l'hôpital, loin du domicile ou seul chez moi, je manifeste que Dieu n'est pas un étranger pour moi, je sacralise un temps trop souvent profané.

Après la défaite de 1940, le caporal Jacques Perret est fait prisonnier. Avec sa plume aiguisée, il laisse des lignes savoureuses sur le dimanche en camp :

> « C'est vraiment le jour béni de la semaine et je l'avais un peu oublié ; il reprend ces couleurs écarlates à reflets dorés qui resplendissaient naguère au bout des mornes grisailles des journées scolaires. Et d'abord, nous commençons par la grasse matinée, célébrant ainsi dès l'aurore la divine institution du septième jour. Un petit nombre de maniaques, sans doute maudits du Seigneur, se lèvent dès pique-minette, mais ce n'est pas gênant, au contraire. Ils allument le feu, vont au jus et à l'eau, répandent enfin dans la piaule ce minimum d'activité que le vrai paresseux aime à sentir autour de lui. Les dimanches où j'ai du sucre et le cœur dispos, je me paie un café au lit. [...]
> Les dimanches matin, il règne dans la chambre un concours de sons, de parfums et de couleurs spéciales, du genre pimpant, qui, même au plus sombre de l'hiver,

> évoque les préparatifs de fête. On se rase, on se bichonne, on se fait la raie. La bouche sifflote sous le blaireau jovial et la chemise propre se déplie, odorante, et triomphale comme un linge de pourpre[10]. »

Certes, il n'y a rien de théologique dans cette description truculente. Mais ne constitue-t-elle pas un bel éloge profane du repos dominical ?

En définitive, libérer de l'espace pour Dieu chaque dimanche, c'est faire de celui-ci un jour premier et non dernier. Quelle fâcheuse habitude d'inclure le dimanche dans le « week-end » ! Non, le dimanche n'est pas la « fin de ma semaine », mais plutôt son origine et sa source. Pourquoi communier le dimanche, si ce n'est pour prendre des forces pour les jours à venir ? Je le sais, les rencontres, les conversations, les travaux seront nombreux durant la semaine : alors, j'ai grandement besoin du « pain de ce jour » ; face au poids des jours, j'ai faim du pain de ce premier jour.

10. Jacques PERRET, *Le Caporal épinglé*, Folio, Gallimard, Paris, 1972, p. 268.

Oui, en vivant pleinement le dimanche, je transfigure ma semaine et prépare « mon repos définitif dans la jouissance de Dieu au ciel[11] », selon les mots de Thomas d'Aquin.

En étant davantage « image de Dieu », je deviens davantage homme.

---

11. Saint Thomas d'Aquin, *ST*, *II*a-*II*æ, q. 122, a. 4, ad 1.

Chapitre VII

S'HUMANISER PAR LE REPOS

Devenir davantage homme n'est pas un avatar nietzschéen. Cette ambition est la logique chrétienne. Avec humilité mais résolution, je veux grandir en humanité et glorifier ainsi mon Créateur : « La gloire de Dieu, c'est l'homme vivant ; et la vie de l'homme, c'est la vision de Dieu[1]. »

Pour cela, je veux choisir le vrai repos.

Or les mots de Jean-Paul II restent actuels : « Notre époque est une époque de mouvement

1. Saint Irénée de Lyon, *Contre les hérésies*, IV, 20, 7.

continuel qui va souvent jusqu'à l'activisme, risquant facilement de faire pour faire. Il nous faut résister à cette tentation en cherchant à être avant de faire[2]. »

Le mal contemporain est assurément l'activisme : l'activisme professionnel autant que l'activisme dans les temps dits libres. Au terme de ceux-ci, combien d'adultes sont davantage épuisés à force d'avoir multiplié les extras et abrégé les nuits ! Désormais, mon corps et mon esprit sont sans cesse sollicités. Ma lenteur et mon calme sont déconsidérés. Mes yeux et mes oreilles sont sur-sollicités. Conséquences : fatigue, dispersion, dépression.

Déjà Maître Eckhart († 1328) remarquait en son temps : « Si ton œil veut tout voir, ton oreille tout entendre, ton cœur les avoir tous présents [les hommes], il est inévitable que ton âme soit brisée et dispersée en toutes ces choses[3]. »

Que dirait-il au XXIe siècle ?

---

2. Saint Jean-Paul II, Lettre apostolique *Novo millennio ineunte*, 6 janvier 2001, n° 15.
3. Maître Eckhart, *La Naissance éternelle*, I.

Prendre le temps d'être

Aujourd'hui, cessons d'être « brisés » et retrouvons notre unité et notre dignité humaine ! Comment ? En prenant le temps d'être et de vivre.

Dans les *Lettres de mon moulin*, Alphonse Daudet conte l'aventure inattendue d'un sous-préfet. L'homme public est fébrile. Il doit visiter un canton et prononcer un discours. Malgré son sens civique, il a peu d'enthousiasme pour cette tâche et guère d'inspiration. Il s'arrête en route et gagne un petit bois en vue d'achever – ou plutôt entamer – sa prose. Commence alors une charmante « tragédie » :

> « Mais lors, voilà les petites violettes qui se haussent vers lui sur le bout de leurs tiges et qui lui disent doucement :
> – Monsieur le sous-préfet, sentez-vous comme nous sentons bon ?
> Et les sources lui font sous la mousse une musique divine ; et, dans les branches, au-dessus de sa tête, des tas de fauvettes viennent lui chanter leurs plus jolis airs : et tout

le petit bois conspire pour l'empêcher de composer son discours.

Tout le petit bois conspire pour l'empêcher de composer son discours… M. le sous-préfet, grisé de parfums, ivre de musique, essaye vainement de résister au charme qui l'envahit. Il s'accoude sur l'herbe, dégrafe son bel habit, balbutie encore deux ou trois fois :

– Messieurs et chers administrés… Messieurs et chers admi… Messieurs et chers…

Puis il envoie les administrés au diable ; et la Muse des comices agricoles n'a plus qu'à se voiler la face.

Voile-toi la face, ô Muse des comices agricoles !… Lorsque, au bout d'une heure, les gens de la sous-préfecture, inquiets de leur maître, sont entrés dans le petit bois, ils ont vu un spectacle qui les a fait reculer d'horreur. M. le sous-préfet couché sur le ventre, dans l'herbe, débraillé comme un bohème. Il avait mis son habit bas… et, tout en mâchonnant des violettes, M. le sous-préfet faisait des vers[4]. »

4. Alphonse Daudet, *Lettres de mon moulin*, « Le sous-préfet aux champs », Le Club du meilleur livre, 1956, p. 132-133.

Par son escapade champêtre, le sous-préfet a perdu de sa superbe et trouvé la joie des simples. Il a redécouvert son intériorité et s'est humanisé. Tout à l'heure, son discours sera sans doute plus ajusté.

Prendre du temps pour soi-même, ce n'est point de la paresse ni de l'égoïsme, mais du réalisme et de la gratitude envers le Seigneur.

À ses prêtres, Charles Borromée donna ce conseil de sagesse pastorale : « Tu dois sans doute te souvenir des âmes dont tu es le pasteur, mais ne t'oublie pas toi-même[5]. » Le conseil n'est-il pas valable pour tous ?

Le courage du repos

Prendre soin de sa personne est donc un service à se rendre. Joseph Ratzinger confiait un jour à ses fidèles de Munich :

---

5. Saint CHARLES BORROMÉE, cité par saint JEAN-PAUL II, Exhortation apostolique post-synodale *Pastores dabo vobis*, 25 mars 1992, n° 72.

> « Je ne voudrais pas me faire ici le défenseur de la paresse, mais réviser un tant soit peu le catalogue des vertus tel qu'il a fini par s'imposer dans le monde occidental, où seuls comptent l'action et le travail. La contemplation, l'étonnement, le recueillement, le silence y sont devenus des postures indéfendables ou tout au moins nous nous sentons obligés de les justifier. C'est ainsi que périssent des aspects essentiels du potentiel humain[6]. »

Certes, défendre ces postures s'avère souvent héroïque. Car il s'agit d'aller à contre-courant, à contretemps, à « contre-mode[7] ». Laisser l'iPad dans le bureau et ne plus le consulter au lit, travailler davantage le samedi afin de préserver le dimanche, se ménager régulièrement un temps de solitude ou de retraite dans un couvent voisin, voilà des attitudes prophétiques dans

6. J. RATZINGER, *La gloire de Dieu aujourd'hui*, *op. cit.*, p. 172.
7. « L'Occident contemporain est devenu la proie d'une mobilité et d'une inconstance dont l'histoire du monde n'offre aucun exemple [...]. Plus rien de solide et de fixe : tout est affaire d'engouement superficiel et passager. La formule "être à la mode" exprime bien ce caractère irréel de ces attachements » (Gustave THIBON, *Ils sculptent en nous le silence*, F.-X. de Guibert, Paris, 2003, p. 35).

une société hyperactive. Ce faisant, je manifeste à tous – et à moi-même – que je ne suis plus dominé par l'action, par la pression du système, par le primat de l'efficace. Je redécouvre le sens premier de mon existence, lequel ne m'est pas imposé par l'immédiat. Ce sens vient de plus loin, de plus haut.

Dans *Courrier Sud*, Saint-Exupéry décrit ainsi la visite inopinée du pilote Bernis dans la cathédrale parisienne :

> « Comme il passait près de Notre-Dame, il entra, fut surpris de la densité de la foule et se réfugia contre un pilier. Pourquoi donc se trouvait-il là ? Il se le demandait. Après tout, il était venu parce que les minutes menaient ici à quelque chose. Dehors, elles ne menaient plus à rien[8]. »

Cesser mon activité et me reposer, c'est insérer de la « verticalité » et de la transcendance dans ma vie. C'est renoncer à une illusion de toute-puissance – à l'origine des plus profonds

8. A. de Saint-Exupéry, *Courrier Sud*, Gallimard, 1929, p. 128.

désenchantements – pour affirmer ma dépendance à l'égard d'un plus grand que moi.

Saint Jean-Paul II assure : « L'interruption du rythme souvent oppressant des occupations traduit [...] la reconnaissance de la dépendance de la personne et du cosmos par rapport à Dieu. Tout est de Dieu[9] ! »

D'une certaine façon, en me reposant, je reconnais mes limites, je fais œuvre d'humilité. En me libérant de moi-même et de mes tracas, le repos m'introduit à la liberté des enfants de Dieu. « Laisse ta peine en face de Dieu, et lui-même te procurera le repos[10] », conseille un Père du désert, à qui les mots de Maximilien Kolbe font écho : « Laissons-nous donc guider, soyons calmes, calmes. Soyons occupés, mais non préoccupés[11]. »

---

9. Saint JEAN-PAUL II, Lettre apostolique *Dies Domini*, n° 15.
10. *Sentences des Pères du désert*, t. V, Série des Anonymes, Solesmes-Bellefontaine, 2005, p. 111, n° 318.
11. Saint MAXIMILIEN KOLBE, *Lettre au frère Paul Moratti* du 26 janvier 1921.

Être occupés par le repos

Oui, cherchons à être occupés par le repos. Car – redisons-le avec force – le repos est bien une occupation, une activité. Mais c'est une occupation gratuite et désintéressée que je choisis comme telle. En méditant sur le loisir – lequel est synonyme chez lui de repos –, Joseph Pieper rappelle que « ce n'est pas en vue du travail que le loisir existe. Bien qu'il donne force et énergie au travailleur, qu'il repose le corps et délasse l'âme, ce n'est pas un remontant pour de nouvelles tâches ». À la vérité, le repos se justifie en lui-même. Par-là, il laisse l'homme abandonné et disponible devant les merveilles de Dieu : « L'Écriture nous dit qu'en se reposant de ses œuvres, Dieu vit que tout cela était bon (Gn 1,31). Le loisir de l'homme imite le repos divin et participe de lui : en lui aussi on trouve un arrêt joyeux du regard intérieur, qui considère avec approbation la réalité de la création[12]. »

12. J. Pieper, *op. cit.*, p. 47-48.

L'homme en repos réaffirme la primauté divine. Voici l'exemple du regretté Michael Lonsdale :

> « Je ne pars jamais en vacances, même si je bouge souvent. Je n'ai jamais rêvé de destination lointaine, d'îles paradisiaques, de *break* complet… Je suis très bien chez moi… J'y ai des souvenirs… et mes couleurs. Oui, j'aime peindre. Voilà mes vacances : peindre ! Cela m'arrive parfois plusieurs fois par semaine. Vous connaissez beaucoup de personnes qui prennent des vacances plusieurs fois par semaine ? J'ai cette chance inouïe. Autre grand plaisir de ces vacances chez soi : bien dormir quand je rentre, fatigué, d'un tournage ou d'une lecture. Mais aussi, rester en contemplation devant un ciel, une fleur, un tableau, tout ce qui me touche et me saisit, et prier doucement, sans hâte. Oui, de plus en plus, je me demande si les vacances, ce n'est pas la prière continue[13]… »

Par mon lâcher-prise, je reprends conscience de ma dépendance originelle à l'égard de mon Créateur. Et ceci sans tension. N'est-ce pas une

---

13. Michael Lonsdale, *Famille Chrétienne*, n° hors-série été 2003 : « Et si on prenait le temps d'aimer ! », p. 19.

façon de le louer ? Péguy le perçoit et met dans la bouche de Dieu ces paroles : « L'homme dans le travail ne me glorifie que par son travail. Et, dans le sommeil, c'est moi qui me glorifie moi-même par l'abandonnement de l'homme[14]. »

Contre la dictature du bruit

Notre siècle est bruyant, trop bruyant. Dormir et se reposer : le peut-on sans un minimum de silence ?

Après les opérations extérieures violentes et souvent traumatisantes – il suffit de penser à celles d'Afghanistan ou d'Afrique subsaharienne –, les militaires français font désormais « escale » dans des hôtels pour retrouver la sérénité perdue. Sans ces journées de quiétude imposée, le retour en métropole leur est trop difficile. Il leur faut « réapprendre » le quotidien pour mieux l'assurer ensuite. Ces

14. Charles Péguy, *Le Porche du mystère de la deuxième vertu*, *op. cit.*, p. 665.

mesures révèlent la nécessité de temps privilégiés, de véritables « sas de décompression ». Le malheur est qu'ils restent des exceptions dans le monde professionnel. En effet, si la vie civile est habituellement exempte de coups de feu ou d'explosions mortelles, elle reste assaillie de bruits et de nuisances sonores.

Voici peu, le cardinal Sarah a écrit un ouvrage intitulé *La Force du silence*, au sous-titre éloquent : « Contre la dictature du bruit ». Le prélat y pose ces questions :

> « Aujourd'hui, dans un monde ultra-technicisé et affairé, comment trouver le silence ? Le bruit fatigue, et nous avons le sentiment que le silence est devenu une oasis inatteignable. Combien de personnes sont obligées de travailler dans un fatras qui les angoisse et les déshumanise ? Les villes sont devenues des fournaises bruyantes où même la nuit n'est pas épargnée par les agressions sonores. »

Et il déclare : « Sur le simple plan physique, l'homme ne peut trouver le repos que dans le silence. Les plus belles choses de la vie ont lieu dans le silence[15]. »

Le silence est condition du repos effectif. Il suffit de voir comment sont conçues les maisons de repos pour assurer une bonne convalescence des patients : chambres isolées, couloirs insonorisés, espaces de verdure accessibles. Privés de silence, nous restons tendus à l'extérieur de nous-mêmes, sollicités sans cesse par les bruits et les paroles. Chez certaines personnes, l'addiction à la musique est d'ailleurs si intense qu'elles ne s'en privent dans aucun de leurs déplacements : oreillettes, casques audio et haut-parleurs leur sont aussi nécessaires que les lunettes ou la carte bancaire ! Pour elles, une telle ambiance sonore devient une condition normale de vie. Benoît XVI n'hésite pas à parler d'une véritable « mutation anthropologique » :

> « Le progrès technique, spécialement dans le domaine des transports et des communications, a rendu la vie de

15. Cardinal Robert SARAH et Nicolas DIAT, *La Force du silence*, Librairie Arthème Fayard, Paris, 2016, § 20 et 21, p. 47.

l'homme plus confortable, mais aussi plus énervante, plus agitée. Les villes sont presque toujours bruyantes : on n'y trouve que rarement le silence parce qu'un bruit de fond est toujours là [...]. Les plus jeunes, qui sont nés dans cet environnement, semblent vouloir toujours remplir de musique et d'images tous les instants vides, comme s'ils avaient peur justement de le sentir, ce vide. Il s'agit là d'une tendance qui a toujours existé, spécialement parmi les jeunes et dans les contextes urbains les plus développés, mais aujourd'hui elle a atteint un niveau tel qu'on doit parler d'une mutation anthropologique. Certaines personnes ne sont plus capables de rester longtemps dans le silence et dans la solitude[16]. »

Si je suis soumis à un fond sonore constant – même dans les cérémonies liturgiques –, je suis rarement seul avec moi-même, incapable de trouver une tranquillité humanisante, inapte au renouvellement intérieur. En raison des distractions multiples dont je suis avide, je me limite aux interrogations du simple quotidien. Je me

16. Benoît XVI, Discours à la Chartreuse de Serra San Bruno, 9 octobre 2011.

prive des questions essentielles de l'existence : « Comment m'accomplir ? Suis-je en cohérence avec mes désirs profonds ? Quelle direction de vie pour demain ? » Sans silence, je ne peux discerner ni choisir.

Le repos silencieux n'est donc pas oisif. Il peut être méditatif, admiratif, contemplatif. Il m'aide à mûrir et à me découvrir. Dans *Le Soulier de satin*, Claudel précise :

> « Il est écrit que les grandes vérités ne se communiquent que par le silence. Si vous voulez apprivoiser la nature, il ne faut pas faire de bruit. Comme une terre que l'eau pénètre. Si vous ne voulez pas écouter, vous ne pourrez pas entendre[17]. »

Oui, le bruit ne fait pas de bien. J'ai besoin du silence qui me nourrit. J'ai besoin du repos qui me grandit.

---

17. Paul CLAUDEL, *Le Soulier de satin*, Gallimard, Paris, 1929, Quatrième Journée, p. 329.

Le repos me grandit

Revenons au dimanche. En faisant sien l'usage chrétien du repos dominical, la société rend hommage – tout en l'ignorant, sans doute – au repos de Dieu, à la primauté du repos sur le travail, à l'humanisation par le repos. Même Proudhon l'a compris lorsqu'il dit : « Les serviteurs, ressaisissant pendant un jour leur dignité d'homme, se replaçaient au niveau de leur maître[18]. » Dès lors, chaque dimanche, je deviens plus homme.

Ne puis-je pas un instant me retourner vers le passé chrétien de la France ? N'est-il pas beau, ce peuple croyant se rendant à l'église pour assister à la messe ? Tous les âges, toutes les classes, tous les paroissiens – saints ou pécheurs – se rassemblent sous une même voûte. Ils ont posé leurs outils, leurs souvenirs ou leurs livres pour

18. Cité par J. PIEPER, *op. cit.*, p. 60 : « Alors que le monde du travail total déclare indésirable toute activité non utile et, pour ainsi dire, rend productif même le temps libre, il existe dans le monde une institution [NDE : l'Église] qui interdit en des jours déterminés les travaux serviles. »

former un seul troupeau. S'ils sont parfois revêches, ils se rendent pourtant disponibles et participent à la fête et au culte ; ils assistent aux rites et se prêtent à la louange.

Avec le psalmiste, ils viennent chanter :
« Je n'ai de repos qu'en Dieu seul ;
Oui, mon espoir vient de lui.
Lui seul est mon rocher, mon salut,
ma citadelle : je reste inébranlable »
(Ps 61,6-7).

Certes, un tel tableau peut paraître caduc, au vu de la pratique religieuse actuelle. L'examen de conscience reste toutefois valide : suis-je bien conforme au dessein de Dieu dans mes activités, mes passe-temps, mes divertissements, lors de chacun de mes dimanches ? Ne dois-je pas renouveler ma soif de Dieu, mon désir de me reposer enfin en lui ? Ne dois-je pas consentir à « perdre du temps » avec lui ? Ne puis-je pas davantage flâner avec lui ? Le pape François définit ainsi le vrai repos : « Qu'est donc le repos selon ce commandement ? C'est le moment de la contemplation, c'est le moment de la louange, pas de l'évasion. C'est le temps pour regarder la réalité et dire : comme la vie est belle ! Au repos, comme fuite de la réalité, le Décalogue oppose le repos comme bénédiction de la réalité[19]. »

S'humaniser par le repos est finalement fort simple. Avec Guy de Larigaudie, apprenons l'art de la flânerie avec et pour Dieu :

> « Il nous faut réapprendre la flânerie. Non pas celle où l'on promène un cœur vide et une âme sans pensée. Mais la flânerie féconde qui est comme une retraite en soi-même. Au hasard de mille promenades solitaires, on découvre plus de trésors que n'en contiendront jamais tous les lagons secrets des îles de corail.
>
> Il y a tant de profit à marcher sans but, seul dans la campagne, dans ce silence que l'on écoute avec stupeur à la descente de chemin de fer ou de voiture en venant de Paris. Le claquement d'un sabot sur les pierres, la plainte d'une charrue ou d'un joug, un oiseau qui chante, une eau qui murmure, un troupeau d'oies en alerte au passage du

19. Pape François, Audience générale du mercredi 5 septembre 2018.

facteur, tous ces bruits ne rompent pas le calme, mais remplissent et animent le silence.

La trépidation mécanique et le grondement sourd des grandes cités se sont tus.

Seules montent ces résonances du vent, de l'eau, des plantes, des bêtes et des hommes qui sont comme la respiration du monde.

Il fait bon muser, prêtant l'oreille à cette longue chanson de la terre. Elle est propice aux souvenirs, aux rêves d'avenir, à la conversation familière avec Dieu. Elle est féconde, parce qu'il est plus facile de se sculpter une vie plus belle lorsqu'on peut la rêver ainsi avant de la vivre.

Il faut nous habituer au cœur à cœur avec Dieu, dans la solitude et le silence de sa création[20]. »

20. Guy de Larigaudie, *Étoile au grand large*, Seuil, 2011, p. 31.

Conclusion

LE REPOS ÉTERNEL, C'EST AUJOURD'HUI !

La vie n'est pas un long fleuve tranquille et je mesure ma fatigue.

Oui, j'aspire au repos que Dieu m'a promis en le promettant à Moïse : « Je te procurerai le repos » (Ex 33,14b). Pourtant, avec le peuple juif, j'ai aussi entendu ces autres paroles divines : « Quarante ans leur génération m'a déçu, et j'ai dit : ce peuple a le cœur égaré, il n'a pas connu mes chemins. Dans ma colère, j'en ai fait le serment : jamais ils n'entreront dans mon repos » (Ps 94,10-11).

Dieu aurait-il changé d'avis ? Non, c'est plutôt l'homme qui s'est éloigné de la promesse par son murmure, sa trahison et son péché. Mais je n'ai pas peur : « Dieu a bien promis de nous faire entrer dans le lieu de son repos, et cette promesse demeure » (He 4,1).

À moi donc de choisir Dieu, de vivre en lui, de me reposer en lui, selon les mots de l'épître aux Hébreux : « Efforçons-nous donc d'entrer dans ce repos, afin que plus personne ne tombe en suivant l'exemple de ceux qui ont désobéi » (He 4,11). Je le ferai par ma familiarité avec Dieu, par ma complicité avec lui, par ma vie intérieure.

La vie intérieure, c'est bien cela : une vie d'amitié avec Dieu. Par l'oraison, j'opère un cœur à cœur où mon âme se repose en Dieu. L'apôtre Jean a pu l'expérimenter physiquement en reposant sa tête sur la poitrine du maître aimé.

Quant à Marie Madeleine, « assise à ses pieds, elle se reposait en sa parole », dit saint Augustin[1]. Encore aujourd'hui, malgré l'absence physique du Christ, je peux me reposer en lui. Car je suis Jean. Je suis Marie Madeleine. Je suis Zachée. Comment ? Par l'amour. Par la grâce. Oui, Dieu demeure en moi et moi, je demeure en lui.

« Tout le malheur des hommes vient d'une seule chose, qui est de ne savoir pas demeurer en repos dans une chambre », m'a assuré Pascal. Le verbe « demeurer » n'est pas ici employé au hasard. « Demeurer en repos », ce n'est pas prendre du repos ni se donner du repos. Le mot « demeurer » évoque une stabilité choisie, une permanence consentie. Le terme ne traverse-t-il pas l'Évangile ? N'est-ce pas l'adresse de Jésus au chef des publicains : « Zachée, descends vite : aujourd'hui, il faut que j'aille demeurer dans ta maison » (Lc 19,5) ? Si le Seigneur veut demeurer dans la maison de Zachée, c'est pour la faire sienne, se l'approprier. Ce faisant, il vient « l'habiter » et lui apporter le salut.

1. Saint AUGUSTIN, *La Genèse au sens littéral*, IV, 14, 25.

Dès lors, « demeurer en repos » n'est pas un comportement fugace et superficiel.

Si « demeurer en repos dans une chambre » est si précieux aux yeux de Pascal, c'est parce que cette attitude dispose au repos contemplatif, c'est-à-dire au repos en Dieu. Et ceci dès « aujourd'hui », comme Zachée l'entend de la bouche du Christ.

Oui, Dieu veut habiter aujourd'hui en moi pour que je me repose en lui. « Habiter » renvoie au verbe latin « *habere* », avoir, posséder. Je possède Dieu, puisque Dieu désormais me possède.

La vie du ciel est commencée.

Le repos éternel, c'est aujourd'hui !

TABLE

DANS LA MÊME COLLECTION

Achevé d'imprimer par
Nouvelle imprimerie Laballery,
en décembre 2022,
N° d'impression : 212509

Dépôt légal : février 2022

Imprimé en France